TURMA DA MÔNICA

Jesus no meu lar

Dados Internacionais de Catalogação na Publicação (CIP)
(Câmara Brasileira do Livro, SP, Brasil)

Sousa, Mauricio de
  Jesus no meu lar /Mauricio de Sousa, Luis Hu Rivas
e Ala Mitchell. --Catanduva, SP : Instituto
Beneficente Boa Nova, 2018.

  ISBN: 978-85-8353-112-8

  1. Espiritismo - Literatura infantojuvenil
  2. Evangelho - Literatura infantojuvenil I.
Sousa, Mauricio. II. Rivas,Luis. III. Mitchell, Ala.

17-06876   CDD-028.5

Índices para catálogo sistemático:

1. Espiritismo : Literatura infantil 028.5
2. Espiritismo : Literatura infantojuvenil 028.5

Equipe Boa Nova

Diretor Presidente:
Francisco do Espirito Santo Neto

Diretor Editorial e Comercial:
Ronaldo A. Sperdutti

Diretor Executivo e Doutrinário:
Cleber Galhardi

Editora Assistente:
Juliana Mollinari

Produção Editorial:
Ana Maria Rael Gambarini

Coordenadora de Vendas:
Sueli Fuciji

2018
Direitos de publicação desta edição no Brasil
reservados para Instituto Beneficente Boa Nova
entidade coligada à Sociedade Espírita Boa Nova
Av. Porto Ferreira, 1031 | Parque Iracema
Catanduva/SP | 15809-020 | Tel. (17) 3531.4444
www.boanova.net

O produto da venda desta obra é destinado
à manutenção das atividades
assistenciais da Sociedade Espírita Boa Nova,
de Catanduva, SP.

3ª edição
Do 25º ao 30º milheiro
5.000 exemplares – Setembro de 2022

Estúdios Mauricio de Sousa

Presidente: Mauricio de Sousa

Diretoria: Alice Keico Takeda, Mauro Takeda
e Sousa, Mônica S. e Sousa

**Mauricio de Sousa é membro
da Academia Paulista de Letras (APL)**

Direção de Arte
Alice Keico Takeda

Diretor de Licenciamento
Rodrigo Paiva

Coordenadora Comercial
Tatiane Comlosi

Analista Comercial
Alexandra Paulista

Editor
Sidney Gusman

Layout
Anderson Nunes

Revisão
Daniela Gomes, Ivana Mello

Editor de Arte
Mauro Souza

Coordenação de Arte
Irene Dellega, Maria A. Rabello

Produtora Editorial Jr.
Regiane Moreira

Desenho
Diego Almeida, Emy T. Y. Acosta, Lino Paes

Arte-final
Cristina Hitomi, Lilian Amaral, Marcos Paulo Silva,
Romeu Furusawa, Rosana Valim

Cor
Giba Valadares, Kaio Bruder,
Marcelo Conquista, Mauro Souza

Designer Gráfico e Diagramação
Mariangela Saraiva Ferradás

Supervisão de Conteúdo
Marina Takeda e Sousa

Supervisão Geral
Mauricio de Sousa

Condomínio E-Business Park - Rua Werner Von Siemens, 111
Prédio 19 — Espaço 01 - Lapa de Baixo — São Paulo/SP
CEP: 05069-010 - TEL.: +55 11 3613-5000

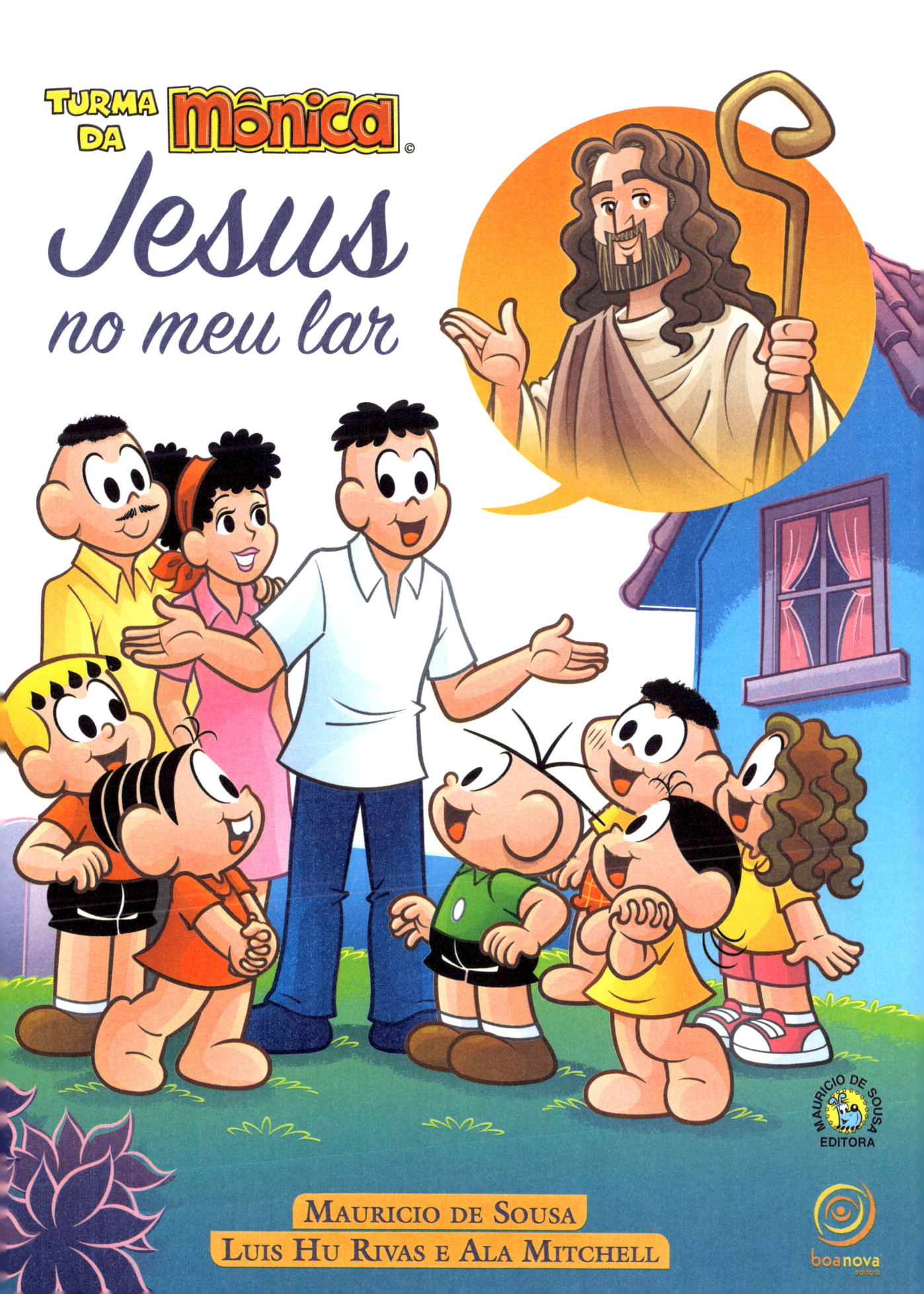

TURMA DA MÔNICA

Jesus no meu lar

MAURICIO DE SOUSA

LUIS HU RIVAS E ALA MITCHELL

boa nova
editora

MAURICIO DE SOUSA
EDITORA

Sumário

Prefácio

Brilhe a vossa luz.

Alguma vez você já se imaginou como um ser luminoso?

Já pensou como seria legal se saísse luz do seu coração, iluminando todo o seu lar e as pessoas que você ama?

Com as belas frases de amor do nosso amigo Jesus, isso é possível!

O livro *Jesus no meu lar* mostra uma divertidíssima história, com a Turma da Mônica conhecendo radiantes ensinamentos e seu uso no dia a dia.

Nesta aventura, a turma do Limoeiro descobre a importância do amor ao próximo, e como, realizando boas ações, podemos colocar Jesus em nosso próprio lar.

Muita luz e boa leitura.

Os Autores

Jesus no meu lar

O primo André está de volta ao Limoeiro, e bem no dia do seu aniversário.

Na casa do Cascão, a turminha aguardava, com as luzes apagadas, para fazer uma festa surpresa pra ele.

— Fica quieto, Cebolinha! — bronqueou Mônica. — O primo André já está chegando.

— Silêncio! — advertiu Cascão. — Ele está entrando.

Assim que André abriu a porta da casa, as crianças cantaram os parabéns com muita alegria.

— Obrigado, crianças! — expressou André, emocionado. — Não esperava por isso. Que surpresa boa!

— Você é muito querido! — disse Magali, já de olho no bolo e nos lanchinhos.

— Você está falando do *plimo Andlé* ou do bolo? — perguntou Cebolinha.

— Há, há, há! — Todos riram.

Depois dos abraços, Seu Antenor, pai do Cascão, convidou todos para ir à sala de jantar. E, quando eles se preparavam para comer, Mônica, que estava correndo atrás do Cebolinha, acertou uma coelhada no bolo.

— Crianças! — exclamou Seu Antenor.

— Está tudo bem, primo! Foi só um acidente. — ponderou André.

— Mas o bolo era o nosso único presente. — lamentou Magali, duplamente entristecida.

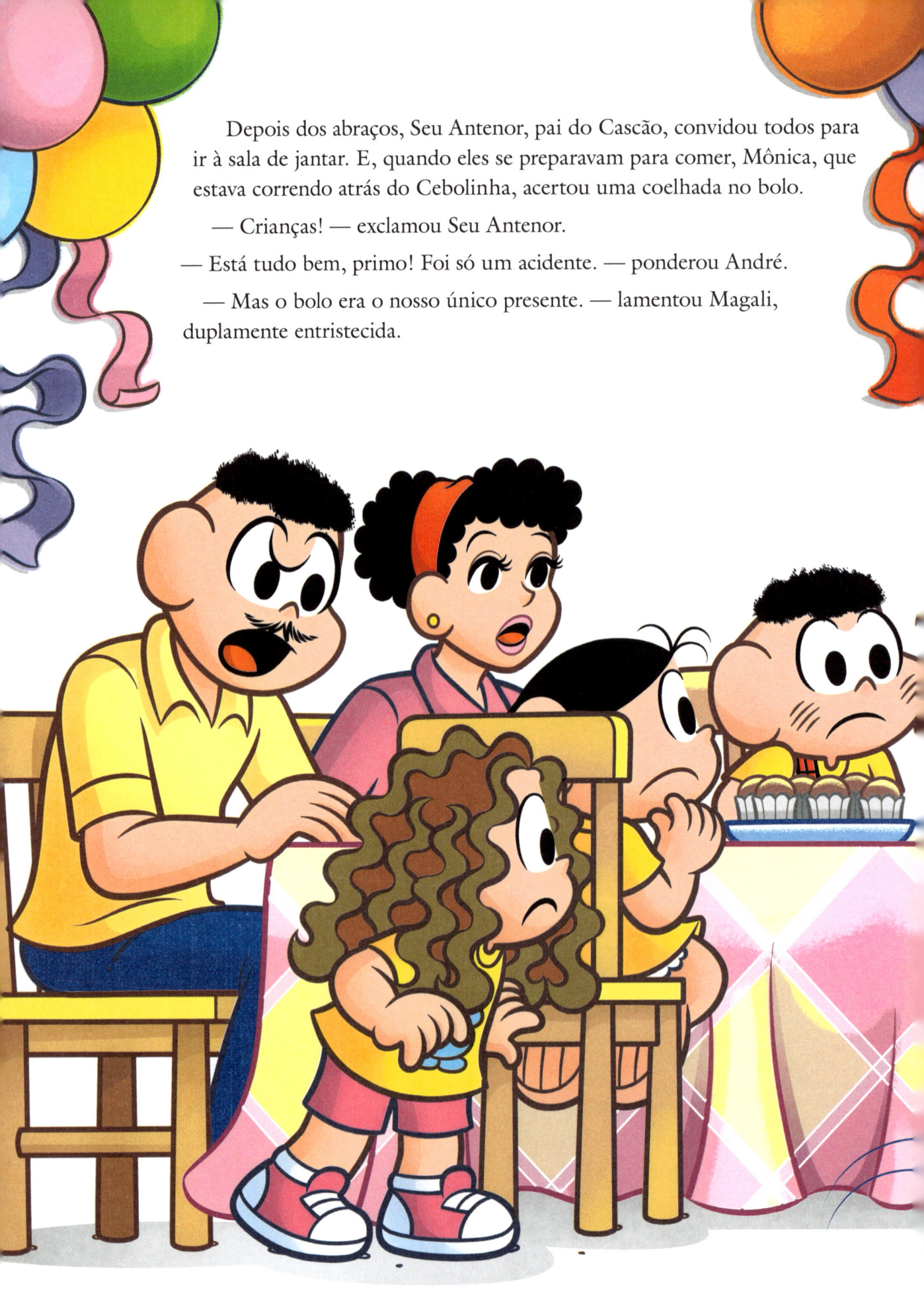

— Ah, eu já tenho um grande presente, que é o carinho de vocês. — acalmou André.

— Mas, mas... — tentava falar Mônica, arrependida.

André aproveitou o momento e falou pra turminha que se lembrou do aniversário de alguém que ele admira muito, e que seus exemplos de vida lhe servem de modelo e guia.

— Quem é primo? — perguntou Cascão, todo curioso.

— *Jesus*. — disse André. — Ele nasceu na manjedoura, ao lado de animais, de pessoas simples e amorosas, e é isso o que realmente importa.

— Mas e o bolo? — lembrou novamente Magali.

— Tudo nos serve de lição, Magali. Veja, as condições do próprio nascimento de Jesus são um grande ensinamento: a chave das virtudes. — afirmou André.

— A chave das *viltudes?* — estranhou Cebolinha, em voz alta.

— Sim, a humildade. — completou André. — A pessoa humilde vê os outros como seus iguais. Jesus fez isso! Mesmo sendo muito iluminado, ele enxergava todos como seus irmãos.

Após essa explicação, os pais de Cascão, com a ajuda da turminha, limparam a mesa. Então, André convidou todo mundo para repetir aquela brincadeira do último encontro.

— Vocês me contam suas historinhas divertidas, eu as analiso e falo da importância de ter Jesus presente em nossos lares. Que tal?

— Eeeeeee! — todos comemoraram.

Assim, cada um começou a pensar que história iria contar.

Merecimento

Eu começo! Eu começo! — gritou Magali.

— Claro, Magali. — concordou André.

Magali, então, contou que há algum tempo, uma emissora de tevê local promoveu um concurso do melhor doce do bairro, e o vencedor seria tema de uma reportagem.

— Ai, eu lembro! — disse Mônica. — Todo mundo do Limoeiro que gosta de cozinhar concorreu.

— E eu decidi participar! — afirmou Magali. — Mesmo sabendo que seria muito difícil.

— Humm... ela caprichou mesmo na receita! — recordou Cascão.

— Peguei uma receita da tia Nena e fiquei treinando muito, até que consegui fazer um belo doce de melancia. — falou Magali.

— Aaaahhh... Só de *lemblar* imagino aquele *cheilo malavilhoso* vindo da sua casa. — acrescentou Cebolinha.

— Imagino que deva ter ficado ótimo. — comentou André.

Mônica prosseguiu a história:

— A Magali arrasou! O júri escolheu o doce dela como vencedor.

— E o melhor foi depois. — contou Cascão. — Todo mundo achava que a Magali ia comer os docinhos que sobraram, mas ela levou tudo pra um orfanato. A criançada adorou.

— Muito interessante. — comentou André. — E algo mais aconteceu?

— Sim! O *diletor* do canal, quando viu isso, convidou a Magali *pla* dar uma *entlevista* num *ploglama* de comida que passa no *Blasil inteilo*. — respondeu Cebolinha.

Foi aí que André falou para a turminha um ensinamento de Jesus: *"Àquele que tem lhe será dado ainda mais".* E isso quer dizer que, as pessoas que têm interesse em aprender, conseguem superar suas dificuldades e recebem o merecido reconhecimento.

— Gostei disso! Vou me esforçar ainda mais. — afirmou Magali, lembrando de todos os lanchinhos que experimentou no programa.

Hoje e amanhã

— E aquele dia do desafio na praia, lembram? — perguntou Mônica.

— Nem me fale. — disse Cebolinha.

— O que houve? — perguntou André.

Mônica contou que a turminha estava de férias e a dona do hotel fez um desafio: a dupla que fizesse, na areia, uma das maravilhas do mundo moderno, ganharia ingressos para ir ao parque de diversões, no dia seguinte.

— Na terra e na areia, eu sou muito bom! Desde que não esteja molhada, claro. — disse Cascão.

— Eu tenho um ótimo plano *pla constluir* essas *malavilhas*! — pensou Cebolinha, e falou com seu amigo. — Esse *plêmio* é nosso. Tá no papo!

A Magali então continuou contando a história para André:

— Os meninos acharam que ia ser moleza e foram direto pro parque de diversões, pra ver os brinquedos em que iriam no dia seguinte. Enquanto isso, a Mônica e eu fomos pesquisar sobre as maravilhas.

— A gente treinou o dia todo. — contou a dentucinha.

— Os meninos voltaram da rua, bem na hora da competição. — disse Magali.

Naquele dia, como não se prepararam, nem pesquisaram nada, Cascão reclamou:

— Eu achava que o Cebolinha conhecia as maravilhas.

— E eu *acleditei* que você *lemblava* delas. — lamentou Cebolinha.

Cascão contou que as meninas fizeram um Cristo Redentor rapidinho na areia.

— Ficou muito lindo. — parabenizou Marina. — Eu vi nas fotos.

— E tudo num tempo recorde. — acrescentou Magali.

Foi quando André interrompeu:

— Crianças, sabiam que Jesus tem uma frase assim: *"A cada mal, seu dia"*.

— E o que isso quer dizer? — perguntou Marina.

— Que todo dia tem seu próprio desafio, e precisamos nos concentrar mais no presente, deixando para depois os problemas do amanhã.— explicou André.

— Como as meninas capricharam no desafio do dia, elas foram as justas vencedoras. Os garotos se preocuparam com o prêmio, mas não com a preparação.

— E o passeio na montanha-russa foi muito legal. — recordou Mônica.

Os outros

Em seguida, foi a vez da Marina, que lembrou quando a turma viu um menino que sujava a praia.

— Nem olhe pra mim, André. Eu apenas gosto da água bem longe. — falou Cascão, fazendo todos grgalhar.

— Não é de você que ela está falando. — interveio André.

Marina, então, contou de um menino que jogava sacolas de plástico, canudos e até garrafa de vidro na areia e no mar.

— Jogar lixo é perigoso. Até os simples canudos fazem mal. — comentou André. — Sabiam que as tartarugas os comem, achando que são algas, e podem se asfixiar?

— Tadinhas das *taltaluguinhas*. — lamentou Cebolinha.

— E olha que a gente falava pro garoto parar, André, mas não adiantava. — disse Mônica furiosa. — Todos os dias ele jogava o lixo, até que, um dia, pisou num caco de vidro na areia e cortou o pé.

— Teve que ir às pressas num posto de saúde. — disse Marina.

— Se bobear, o caco de vidro era de uma garrafa que ele mesmo jogou. — deduziu Franjinha.

Então, André lembrou que Jesus certa vez disse: *"Não faça aos outros o que não quer que façam com você"*, e isso inclui a natureza, o mar e todos os bichinhos.

Marina contou que, para evitar mais problemas, toda a turminha decidiu coletar o lixo da areia.

— E eu reciclei esse lixo e fiz uma tartaruga de brinquedo. — revelou Cascão.

— Muito bom, primo. E o que fez com o brinquedo? — perguntou André.

— Fomos ao hospital e entregamos para o menino. — falou Cascão. — Ele ficou envergonhado e, depois disso, virou nosso amigo e nunca mais jogou nada na praia.

— Que belo exemplo, crianças! Parece que o garoto aprendeu a lição. — disse André. — Atitudes como essa de vocês amolecem o coração.

— E as *taltalugas agladecem*. — falou Cebolinha.

Simples e prudentes

— Teve aquele dia em que o careca e eu fomos visitar o Chico Bento. — falou Cascão.

— E o Zé Lelé também. — completou Cebolinha.

— Como foi, primo? — perguntou André.

Cascão contou que fazia muito calor na Vila Abobrinha e os meninos decidiram tomar banho num ribeirão ali perto.

— Mas é claro que eu não fui. — afirmou Cascão.

Cebolinha continuou contando:

— Quando *entlei* no *lio*, vi que o nível da água estava baixo. Então, avancei um pouco mais, e mais, até que o Chico *glitou pla* eu *palar*. Eu achei que *ela blincadeila*, *polque* estava *lasinho*, e avancei um pouco mais, só que a *colenteza* me puxou de *lepente*.

— O Chico gritou por ajuda! Zé Lelé, que estava por perto, mergulhou com tudo e salvou o Cebolinha, antes que ficasse em perigo. — narrou Cascão, emocionado.

— Nem me fala! Levei um susto daqueles! — suspirou Cebolinha aliviado.

Então, André aproveitou a oportunidade e lembrou-se de mais uma frase de Jesus: — *"Ser simples como as pombas, e prudentes como as serpentes"*.

— *Pludentes* como as *selpentes*? — repetiu o troca-letras. — Não entendi.

— Devemos estar atentos aos perigos que podem vir até nós, observar bem antes, para não cairmos neles. — explicou André. — Os rios, por exemplo, podem ser perigosos. Precisamos respeitar a mãe Natureza.

— Além de deixar os amigos preocupados. — reclamou Cascão.

— Foi mal, *galela!* Ainda bem que meus amigos me *salvalam!* — disse Cebolinha, reconhecendo sua imprudência.

André, então, acrescentou:

— Em todas as atitudes da vida, seja prudente e viverá mais e melhor.

— Por isso que eu sempre digo: Água? Estou fora! — afirmou Cascão, fazendo a turminha cair na risada.

Brilhe a vossa luz

André interrompeu, enquanto a turminha pensava em outra história:

— Poderia contar uma frase de Jesus que acho muito linda?

— Claro, André! Conta. — respondeu Mônica.

— A frase é esta: *"Brilhe a vossa luz"*. Nós somos seres muito luminosos, só que não estamos deixando nossa luz interior sair, por causa das nossas impurezas...

— Está ouvindo, Cascão? — brincou Mônica.

— Não, não. Eu me referia às impurezas dos maus pensamentos.

— Deixa ver se entendi. — interrompeu Marina, que explicou o que aconteceu no dia em que foi visitar o Franjinha, que estava internado no hospital.

— Essa eu nem soube! — falou Magali. — Como foi?

Marina contou que, naquele dia, pensou em desenhar algo especial para animar o seu amigo. Mas, justamente na noite anterior, passeava pelo jardim e viu umas luzes voando sobre as plantas.

— Eram fadinhas? — perguntou Mônica.

— Duvido! Aposto que eram vaga-lumes. — afirmou Cascão.

— Isso, Cascão! E eram lindos. — confirmou Marina.
— Iluminavam todo o lugar.

André, aproveitando a conversa, acrescentou:

— As pessoas que seguem Jesus e seus ensinamentos devem fazer brilhar a sua luz ou dar o seu melhor, onde quer que estejam, seja no *shopping*, na escola ou na rua.

— E foi bem assim, André. — disse Marina. — Quando voltei pra casa, desenhei um vaga-lume bem caprichado e doei para o hospital.

Marina ainda lembrou que o doutor adorou o presente e colocou o quadro no andar em que o Franjinha estava.

— E ficou lindo. — disse Mônica. — Nós fomos com a Marina, e foi demais.

— E as outras crianças internadas também ficaram felizes. — disse Franjinha.

— Além de ter decorado o hospital, sua ação fez brilhar sua luz interior, Marina. — concluiu André. — Parabéns, crianças. O real seguidor de Jesus deve iluminar os lugares por onde passar.

Fazer muito mais

— Lembrei de nossa festa à fantasia! — gritou Franjinha. — Foi demais.

— Deve ter sido divertido. — comentou André.

Franjinha contou que, certo dia, no bairro do Limoeiro, foram todos convidados a participar de uma festa à fantasia.

— Os meninos foram pedir ajuda ao Franjinha para elaborar uma máquina de costura especial para fazer fantasias já prontas. — disse Marina.

— E as meninas pediram ajuda à Marina para desenhar vestidos *fashions*. — contou Franjinha.

— Mas foi aí que vimos que estava faltando algo. — percebeu Cascão.

Franjinha explicou que as roupas dos meninos estavam bem costuradas pela máquina, mas não eram bonitas. Já as das meninas eram muito lindas, mas sem um bom acabamento.

André interveio em seguida e falou uma frase de Jesus: ***"Vocês podem fazer o que eu faço e muito mais"***. Quando unimos nossos esforços, conseguimos realizar grandes coisas.

— Então... foi isso mesmo que aconteceu. — disse Mônica.

A Magali contou que a turminha uniu os belos desenhos de Marina com a máquina do Franjinha, para fazer as melhores fantasias.

— E eu tive um plano infalível. — falou Cebolinha. — A gente se fantasiou como a *tulma* do Penadinho.

— Que ótima ideia! Devem ter ficado muito engraçados. — falou André.

— Eu fui fantasiado de Muminho. — disse Cebolinha.

— Claro, né? Você vive enfaixado de tanto levar coelhadas da dentu... hã... da Moniquinha. — comentou Cascão, para gargalhadas de todos.

Julgamentos fáceis

— E aquele dia no quintal do *Flanjinha?* — falou Cebolinha.

— Ai, me dá arrepios lembrar dessa história. — expressou Magali.

— Arrepios, por quê? — perguntou André.

Cebolinha contou que a turminha foi brincar no quintal da casa do Franjinha, para montar um grande quebra-cabeça 3D que o seu robô tinha elaborado.

— A gente estava no jardim, todo mundo concentrado. — falou Cascão.

— Enquanto isso, Floquinho e Bidu *começalam* a fazer muito *balulho* no quintal. — disse Cebolinha.

— Ai, ai... Assim não dá pra se concentrar. — reclamou Cascão.

— Vou pedir *plo* Floquinho *palar* de latir. — falou Cebolinha. — Está *atlapalhando* meus planos *pla* montagem.

— Vou fazer o mesmo com o Bidu. — disse Franjinha.

Mas nada adiantava, e os cãezinhos latiam cada vez mais forte. Foi quando as crianças perceberam que os bichinhos estavam olhando um ponto fixo.

— Quando o Franjinha chegou perto, viu que uma cobra queria entrar no quintal, e era por isso que os cachorros latiam sem parar. — falou Mônica.

— E eu levei um susto enorme! — manifestou Magali.

Foi então que André comentou uma frase de Jesus: *"Não julgue para não ser julgado"*. Os bichinhos com seus latidos, na verdade, estavam protegendo vocês, tentando afugentar a cobra e devolvendo os cuidados que recebem.

— Isso mesmo! Nós ficamos superagradecidos por termos sido alertados. E, claro, Bidu e Floquinho ganharam ossinhos como recompensa.
— falou Franjinha.

A porta estreita

Logo depois, Magali contou de um dia em que as meninas estavam na piscina do clube e ela foi comprar um sorvete na lanchonete, mas notou algo:

— Assim que cheguei, vi que uma borboleta tinha caído na água.

— Tadinha! — falou Cascão.

Magali continuou contando que pegou uma folhinha seca, para tentar salvar a borboletinha, antes que se afogasse.

— Mas, enquanto ela tentava salvá-la, o sorvete derretia. — lembrou Mônica.

— Verdade. Eu ia perder o sorvete, mas a borboletinha precisava de mim! — disse Magali.

— E o que você decidiu? — indagou André.

— Larguei o sorvete, salvei a borboleta e a coloquei num lugar seco. — respondeu Magali. — Ela ficou batendo as asinhas e, um tempinho depois, conseguiu voar.

André aproveitou a conversa e contou que, numa situação duvidosa, Jesus sugeria que devemos optar pelo caminho certo, e afirmou, certa vez: *"entrar pela porta estreita"*.

— *Polta estleita?* Como assim? — perguntou Cebolinha.

— Significa que devemos decidir, pela consciência, a fazer o que é correto. — explicou André. — Ajudar aos outros, ser solidários até com um simples bichinho, como a Magali fez.

— Mas você perdeu o sorvete? — perguntou Marina.

— Ah, nem me importei, Marina. Quando vi a borboletinha sair voando, fiquei toda feliz. — disse a comilona.

— Muito bem, Magali. Quando despertamos bons sentimentos, começamos a viver em paz. — completou André.

— Ah, e o vendedor deu outro sorvete pra Magali. — recordou Mônica.

— E estava delicioso. — contou Magali, toda feliz por ter salvado uma vida.

Reconciliação

— **A**i! Lembrei daquele trágico jogo de futebol! — gritou Cascão.

— O que aconteceu, primo? — perguntou André.

Cascão contou do dia em que os meninos do Limoeiro jogaram a final contra o time da rua de baixo e, no primeiro tempo, perdiam por 1 a 0, com um gol contra feito por ele mesmo.

Naquele dia, Cebolinha estava de goleiro, e resmungou:

— *Pindalolas!* O que aconteceu com você? *Lesolveu entelar* o time?

— Titi e Xaveco tentaram amenizar, mas sem sucesso. — lembrou Franjinha.

— Fui chutar pra frente e peguei errado na bola! — contestou Cascão, constrangido. — Mas o careca podia ter pegado a bola, se estivesse mais atento.

— Vai jogar a culpa *pla* cima de mim? — respondeu Cebolinha, chateado.

Mônica contou que, no intervalo, os dois discutiram feio. Então, as meninas foram conversar com eles e mostraram que precisavam se unir, e não brigar, pois errar é normal.

— E ainda tem o segundo tempo. — disse Marina.

— Todos vocês trabalharam muito pra chegar na final. Sempre juntos!
— falou Mônica.

— Quando ouviu aquilo, o Cebolinha pediu desculpas pro Cascão, e os dois se abraçaram. — lembrou Magali.

— Que belo gesto. — falou André. — O que Cebolinha fez, para atingir o objetivo em equipe, me lembrou as palavras de Jesus: *"Reconcilia-te primeiro com teu inimigo"*. E, no caso de vocês, precisavam mais ainda, pois são amigos.

— E isso foi muito bom! — continuou Cebolinha. — Voltamos mais unidos e empatamos com um golaço do Cascão.

— E, nos pênaltis, Cebolinha defendeu dois e vencemos a partida. — disse Cascão. — O careca foi incrível!

— E a nossa torcida fez uma festona. — falou Mônica.

— Muito bem, meninos. Viram como a reconciliação sempre traz alegrias?
— concluiu André.

— E gols também. — acrescentou Cascão.

Bom Pastor

— Posso contar do dia em que o Mingau sumiu? — perguntou Magali.

— Claro, Magali. — respondeu André.

A Magali, então, contou que estava procurando seu gatinho sumido havia muitas horas e, como não o achava, foi pedir ajuda ao Franjinha.

— Eu tinha construído um drone com câmera, pra ver o bairro do alto. — explicou o Franjinha.

— Assim, seria mais fácil achar o Mingau. — disse a meiga comilona.

— E acharam ele? — quis saber André.

— Sim! Estava preso numa árvore. — respondeu Magali.

— E por que não descia? — perguntou Cascão.

— Porque o Rúfius estava embaixo da árvore. — respondeu Franjinha. — O coitado do Mingau estava amedrontado com os latidos.

— E o que fizeram? — perguntou André.

Franjinha disse que Magali foi pedir a ajuda da "dona da rua" para resgatar o seu gatinho.

— Só que a Magali, quando viu o Rúfius assustar o Mingau, ficou brava. — disse Mônica. — Ela mesma pegou meu Sansão, girou forte e afugentou o cachorro. Ficou todo mundo de boca aberta!

— Ainda bem que o Mingau foi resgatado. — disse Franjinha.

— *Solte* do *Lúfius* que não levou uma coelhada! — brincou Cebolinha.

André, aproveitando, explicou o que Jesus falava em situações similares: *"Eu sou o bom pastor, que dá sua vida pelas suas ovelhas"*. Ou seja, com o amor verdadeiro, nós conseguimos enfrentar grandes desafios.

— A gente ama muito os nossos bichinhos. — disse Cascão, abraçando o Chovinista. — Eu também protegeria meu porquinho.

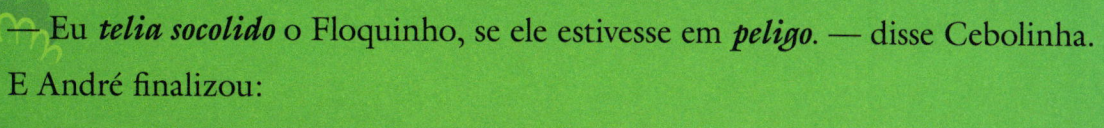

— Eu *telia socolido* o Floquinho, se ele estivesse em *peligo*. — disse Cebolinha.

E André finalizou:

— O amor é a força que nos faz dar a vida pelos seres queridos.

Muito dado, muito pedido

— Ah, vou contar da corrida de bicicletas. — falou Mônica.

— Deve ter sido bem divertido. — disse André.

— Sim, sim! — confirmou Mônica. — Naquele dia, os meninos estavam preparando suas *bikes*, e o mais empolgado era o Cascão.

— Primo, eu consegui montar uma bicicleta lindona, toda feita de material reciclável. O meu pai me ajudou! — falou Cascão.

— E ficou *inclível!* — lembrou Cebolinha. — Mas o Cascão ficou *tliste* logo depois.

— Por quê? — perguntou André, desconcertado.

Mônica contou que um menino rico de outro bairro chegou num carrão, com uma bicicleta ultramoderna, que seu pai tinha lhe comprado.

— A bicicleta estava cheia de acessórios modernos. — lamentou Cascão. — Na hora pensei: nossa, sem chances de vencer.

— Só que o que ninguém esperava aconteceu. — falou Mônica. — O Cascão ganhou a corrida, e o pai do menino rico deu uma bronca no filho.

— Parece que ele nem tinha testado a *bike* antes. — falou Cascão.

— Só estava confiante nos aparelhos e acessórios modernos. — disse Franjinha.

— Às vezes, as pessoas cometem esse erro. — comentou André. — Crianças, Jesus dizia: *"Àquele que muito lhe foi dado, muito lhe será pedido"*.

— Acho que entendi, André. — concordou Mônica.

— Eu também. O pai falou *pala* o menino que ele *develia aplender* a lição, *polque* não adiantava só ter um equipamento de *plimeila* sem se *esfolçar!* — disse Cebolinha.

— Ele achava que ia ganhar fácil com tanta vantagem. — disse Mônica.

— Mas o esforço e a dedicação foram os grandes vencedores. — concluiu André.

— E a *vitólia* do Cascão deixou todo o *Limoeilo* feliz. — comemorou Cebolinha, parabenizando seu grande amigo.

Nossos erros

Enquanto as historinhas iam e vinham, o primo André reparou que Mônica e Cebolinha estavam olhando pela janela com muita atenção e perguntou:

— O que estão vendo, crianças?

— É que tem um menino *caleca* lá *fola*. — respondeu Cebolinha.

— Essa não! Ele acaba de pegar o ursinho de uma menina pequenininha. — completou Mônica.

— Posso ver? — falou André.

— Que *blincadeila* mais boba, pegar a boneca da menina. — falou Cebolinha. — Ih, olha lá!

— Ela pegou a boneca de volta e saiu correndo atrás dele! — exclamou Mônica. — Nossa! Que menina brava!

— Há, há, há! — Todos riram, menos André.

— Por que não riu, André? — perguntou Mônica.

— Aposto que foi porque aqueles dois fizeram o que você e o Cebolinha fazem o tempo todo. — respondeu Magali, também sorrindo.

— Nós?! — exclamaram Mônica e Cebolinha, sem entender.

E André interrompeu e repetiu uma frase de Jesus: *"Tira primeiro a trave do teu olho, para depois ver e tirar o cisco do teu irmão".*

— *Cledo!* Entendi nada. — disse Cebolinha.

— Isso quer dizer: antes de julgar os outros, devemos reparar nas nossas próprias falhas. — explicou André. — Muitas vezes, aquilo que vemos de errado nos outros é a mesma coisa que fazemos.

Foi nesse momento que Cebolinha refletiu e disse:

— Mônica, *obselvando* melhor, esse menino nem é tão *calequinha* assim. Ele até *palece* um *cala* legal.

— E olha bem pra menina! Ela é bem elegante! — completou Mônica, enquanto a turminha caía na risada.

O sal da terra

— Lembrei do dia em que fomos ao cinema e choramos muito com aquele filme! — disse Magali.

— Eu *cholei?* — questionou Cebolinha.

— Todos! — confirmou Mônica. — E você foi o que mais chorou.

— *Ela* só um cisco no meu olho. — dissimulou o troca-letras.

Magali contou que o filme era sobre um menino mexicano, que foi visitar seus parentes no além.

— Tipo o mundo do Penadinho, só que no México. — explicou Cascão.

— Hum! Acho que já sei de qual filme estão falando. — recordou André.

— Ai, eu chorei demais. — lamentou Magali. — Porque as pipocas vieram frias e sem sal.

— Mas quando o filme acabou, fomos reclamar. — contou Cascão. — E o gerente reconheceu o erro e deu pipocas quentinhas pra gente.

— Só que, como já estávamos saindo do cinema, comemos só um pouco e demos as pipocas para crianças que estavam na rua. — disse Magali.

Aproveitando a conversa, André citou uma frase que Jesus disse para seus seguidores: *"Vocês são o sal da terra"*.

— O sal da *tela?* O que é isso? — perguntou Cebolinha.

— Que o seguidor de Jesus é muito importante neste mundo. — explicou André. — Afinal, assim como o sal dá sabor às comidas, ele deve dar alegria aos corações onde estiver.

— Verdade! Sem sal, a comida não fica boa. — confirmou Magali.

— Exatamente! Fazendo o bem, como vocês fizeram, darão muitas alegrias para muita gente. — explicou André.

— Então, como não falta sal na minha comida, alegria também não vai faltar! Nunca. — disse a comilona.

As aves do céu

— Lembrei daquele passarinho que vimos no chão um tempo atrás. — falou Mônica.

— Pobrezinho. — lamentou André. — Deve ter caído do ninho.

A "dona da rua" contou que achou o filhotinho embaixo de uma árvore, enquanto as meninas brincavam.

— Eu decidi cuidar dele, levar pra minha casa. — falou Magali.

— Mas esqueceu que o Mingau é um gato... — recordou Marina.

— É verdade! E o que aconteceu, Magali? — perguntou André.

— Quando cheguei no meu quarto, coloquei o passarinho numa caixa e fui almoçar. — descreveu a comilona. — Mas, quando voltei, ela estava vazia.

Mônica prosseguiu a historinha:

— A Magali saiu procurando o Mingau, mas ele estava dormindo.

Magali, então, imaginou que o passarinho poderia ter fugido pela janela aberta. Mas continuava desconfiada do seu gatinho.

— Fiquei tão preocupada com o passarinho... Se ele tivesse ido embora, o que iria comer?

André lembrou que Jesus gostava de falar do amor de Deus por todas as criaturas: *"Observa as aves do céu: não semeiam e, mesmo assim, Deus as sustenta"*.

— Olha, isso parece o que aconteceu depois! — falou Mônica.

— É, porque uns dias depois ele apareceu na minha janela cantando, ao lado de uma passarinha maior. — disse Magali. — Acho que era a mãe dele!

— A gente estava brincando no seu quarto, lembra? Fizemos uma festa quando vimos o passarinho todo feliz. — relatou Mônica.

— O melhor foi confirmar que o Mingau não tinha aprontado. — afirmou Magali, toda aliviada. — Fiquei triste de ter desconfiado dele...

André, sorrindo, completou:

— Viu, Magali? Vale a pena confiar em Deus e no seu amor.

Sem erros

Marina, de repente, saltou e gritou:

— Ah, lembrei de quando decidi pintar todas as crianças do Limoeiro, cada uma num quadro.

— Essa eu *lemblo!* Quando estava *pla* acabar, aconteceu uma *tlagédia*. — relatou Cebolinha.

Em seguida, Marina contou que a última a ser pintada era a Mônica, e quando estava acabando...

— Deixei o pincel cair no chão e pedi pro Cebolinha pegar pra mim. — recordou Marina.

— Então eu quis ajudar. Mas quando fui pegar, sem *queler*, pisei e *queblei*. — lamentou Cebolinha.

Mônica, então, reclamou enfurecida:

— Cebolinhaaaa! Seu desastrado!

— Mas foi sem *queler*. — repetiu o troca-letras.

— Sem "*queler*" vão ser essas coelhadas. — respondeu Mônica, já girando o Sansão.

— Tadinho do careca. — lembrou Cascão.

— O pior foi depois, porque, quando a Mônica lançou o coelho, o Cebolinha se abaixou e o Sansão derrubou os quadros, que caíram todos em efeito dominó, um atrás do outro. — narrou Marina.

— Ops! Acho que estraguei as pinturas, sem querer. — falou a Mônica, arrependida. — Foi mal, pessoal.

— Viu como existe o "sem *queler*"? — reclamou Cebolinha.

André lembrou que Jesus dizia: *"Aquele que não tiver errado atire a primeira pedra"*. E isso quer dizer que, como todos cometemos erros, devemos ser mais generosos com as falhas dos outros.

— Eu pedi mil desculpas pra Marina e pra turma naquele dia. — disse Mônica, muito envergonhada.

— Não faz mal, Mô! Eu posso fazer outros. — respondeu Marina.

— E você, Cebolinha, me desculpa. — pediu a dentucinha.

— É *clalo!* Amigos desculpam os amigos! — disse Cebolinha, dando um abração na gorducha.

— Acho que entendi a lição. — refletiu Cascão. — Mas, neste caso, foi a Mônica que atirou a primeira coelhada.

E a turminha riu demais com essa reflexão.

Os mansos

— Quem lembra da festa dos bichinhos? — perguntou Mônica.

— Eu! — afirmou Cebolinha. — O Floquinho estava um *chalme.*

— E o Chovinista? Lindão. — comentou Cascão.

— Mas quem não se deu bem foi o Mingau. — disse Magali.

— Por quê? — perguntou André.

Magali contou que, de repente, chegou um cão bravo na festinha, querendo morder todos.

— A gente saiu correndo pra se esconder. — disse Franjinha. — Até o Bidu fugiu.

— O Mingau subiu pelos telhados em pânico. — descreveu Magali.

Mônica contou que o cão espumava de tão bravo, e que nada o acalmava.

André falou que, às vezes, alguns cães ficam assim quando estão com uma doença chamada raiva.

— Ele estava tão bravo, que viu seu reflexo num espelho, pensou que era outro cachorro e avançou. E deu uma tremenda cabeçada. — contou Mônica.

— Só assim ele se acalmou um pouco. — completou Magali.

André ouviu com atenção e comentou que Jesus recomendava a mansidão, e ensinava: *"Aprendam de mim, que sou manso de coração"*.

— Ser manso é o contrário de ser agressivo. — explicou André. — Os agressivos afugentam as pessoas e terminam machucando a si mesmos.

— E foi isso o que aconteceu com aquele cachorro. — confirmou Mônica. — Porque uma vizinha chamou um veterinário, que levou ele logo depois.

— Posso dar uma dica para vocês? — perguntou André às crianças.

— Sim! — responderam todos.

— Sejam mansos sempre. E, se alguma vez, ficarem com raiva, nunca tomem decisões sérias. — aconselhou André. — Toda vez que decidirem com raiva, se arrependerão. Tomem decisões quando estiverem com seus corações mansos.

O coração cheio

— Aquele robô musical foi fantástico! — gritou Franjinha.

— Dessa eu *lemblo, Flanja*. — disse Cebolinha.

Franjinha contou que criou um robô que fazia músicas com as letras que as pessoas criavam. E como ia acontecer um recital com todas as famílias do bairro, a turminha pensou em participar da apresentação.

— Os organizadores do recital pediram que a música falasse do amor. — recordou Magali.

— A minha ideia *ela* compor uma canção *soble* o amor aos meus planos infalíveis. — disse Cebolinha.

— Eu queria falar do amor à reciclagem. — opinou Cascão.

— Já eu achei melhor cantar sobre o amor que tenho pelas melancias. — falou Magali.

Enquanto a turminha discutia os temas, Mônica sugeriu:

— Se as nossas famílias vão estar presentes, por que não falamos do amor que temos por elas?

— Que ótima ideia! — exclamou Marina.

— Eu topo! — concordou Cebolinha, seguido por Cascão e Franjinha.

— Jesus, durante toda a sua vida, destacou a importância do amor. — contou André. — E, certa vez, disse: *"A boca fala do que o coração está cheio"*. Se vocês decidiram falar do carinho que têm pelos seus pais, sem dúvida, seu coração está cheio de gratidão. — reforçou André.

— Eu concordo! — confirmou Franjinha. — Naquele recital, a turminha arrasou!

— Cantamos juntos, e todas as famílias se emocionaram — lembrou Mônica.

— Foi muito legal mesmo. — disse Magali.

— É muito bom falar da gratidão pelas suas famílias. — recordou André. — E melhor ainda se esse amor está cheio em seu coração.

A medida certa

— Esta *histólia* que vou contar vai ser *difelente*. — disse Cebolinha.

Ele lembrou do dia em que as crianças foram passear com seus cãezinhos pelo parquinho do bairro.

— Foi muito divertido. — expressou Cascão. — Até a Dorinha foi com a gente, com o Radar.

— Bidu, Floquinho e Monicão estavam tão contentes! — falou Mônica.

Cebolinha contou que, na volta, as crianças viram, do outro lado da calçada, uma cadelinha que mal podia caminhar e tentava atravessar a rua.

— Ela podia ser atropelada. — alertou Cascão.

— E andava *devagalinho*, com um *baligão*. — lembrou Cebolinha.

— E o que vocês fizeram? — perguntou André.

— O Cebolinha foi logo pedindo para os carros pararem, pra ela conseguir atravessar. Depois, a gente perdeu a cadelinha de vista. — disse Mônica, admirando a atitude do amigo.

André, refletindo, disse:

— Eu acho que ela estava esperando filhotes.

— Isso mesmo. — confirmou Cascão. — Um tempo depois, a gente encontrou ela perto do parque, passeando com vários filhotinhos.

Aí, André lembrou de uma frase muito sábia de Jesus: *"Deus não dá mais do que podemos carregar".*

— Meu avô *semple* fala que a *natuleza* é sábia — disse Cebolinha.

— Mesmo com todo aquele peso, a cadelinha estava na medida exata de seus limites para se movimentar. — explicou André.

— Hum! Acho que estou entendendo esse papo "peso que podemos *calegar*". — disse Cebolinha, olhando a "dona da rua".

— Cebolinhaaa! — gritou bem alto, Mônica, já girando o coelhinho. — Mas, desta vez, vou perdoar sua provocação.

— *Jula?* — perguntou o troca-letras.

— Sim, porque você foi um bom menino e se importou com aquela cadelinha. — disse Mônica, dando um beijinho carinhoso no rosto do amigo, que ficou vermelho de vergonha.

O líder

— **P**osso contar uma que aconteceu com o Chico Bento? — perguntou Cascão.

— Conta, primo! — respondeu André.

— Uma vez, na Vila Abobrinha, chegou um fazendeiro querendo ver quem conseguia montar seu cavalo indomável. — contou Cascão.

Cebolinha prosseguiu a historinha:

— **Válias** pessoas **tentalam** e **folam delubadas.**

— Hum! O desafio parecia mesmo difícil. — opinou André.

— O fazendeiro viu que ninguém da vila conseguia e decidiu ir embora. — prosseguiu Cascão. — Mas, pouco antes de ir, viu o Chico Bento.

— Mas o Chico é pequeno para montar! — se assustou André.

— Não foi isso, primo! É que ele e Zé Lelé tratavam com carinho todos os bichinhos. — respondeu Cascão. — Serviam a comida a todos os animais, e eles retribuíam o carinho recebido.

Cebolinha contou que o fazendeiro chamou os dois para se aproximarem do cavalo. Quando eles chegaram bem pertinho, fizeram um carinho no bicho, que logo ficou dócil.

— O Chico trouxe água e o Zé Lelé, um pouco de alfafa. — contou Cascão. — E não é que, logo depois, o cavalo deixou os dois montarem nele? Ficou todo mundo de boca aberta!

André lembrou uma frase marcante que Jesus dizia: *"O maior líder deve ser o que mais serve".*

— Serviço com carinho e atenção nos torna líderes, e ganhamos o reconhecimento de todos. — explicou André.

— Primo, ainda tem mais. — contou Cascão. — O Chico Bento e o Zé Lelé ainda ficaram famosos na Vila Abobrinha, por causa disso.

— Que linda história! Servindo aos outros, nos tornamos bons líderes e conquistamos os corações. — finalizou André.

O humilde burrinho

Cascão se levantou e perguntou:

— Primo, tem alguma outra história pra contar?

— Tenho, primo. — respondeu André, e contou sobre um rei.

— Eu gosto de **histólias** de **lei**. — falou Cebolinha.

— E eu, de príncipes. — suspirou Mônica.

André começou dizendo:

— Era uma vez um rei que queria escolher um animal para transportar seu filho quando nascesse, e tinha três opções: um cavalo enorme, um cavalo veloz e um burrinho simples.

— Essa é fácil. — disse a Mônica. — Ficou com o grande, né?

— Eu acho que escolheu o **lápido**. — falou Cebolinha.

— Não, ele ficou com o burrinho. — revelou André, para espanto das crianças.

— Como assim? — perguntou Cascão.

— O cavalo grande era orgulhoso e tinha certeza de que seria o escolhido, por seu tamanho digno de um rei. O outro contestou que seria a melhor opção, por ser rápido. Mas o burrinho simples só observou enquanto trabalhava. — contou André.

— E o que o rei falou? — perguntou Mônica.

— Que o grande poderia machucar seu filho se caísse; e o veloz, pela pressa, poderia deixar cair a criança. Já o burrinho, que era dócil, era o melhor para ele. — respondeu André.

— E quem era o filho desse rei?— perguntou Cascão.

— Era Jesus! — respondeu André, deixando a turminha com a boca aberta.

— Nossa! Essa resposta eu não esperava. — falou Magali.

André, então, lembrou da seguinte frase de Jesus: *"Quem se exalta será humilhado e quem se humilha será exaltado"*.

— Gostei dessa historinha. — disse Marina, que logo fez um lindo desenho de Jesus, com seu burrinho bonzinho.

Dois ou mais

— Vocês lembram do dia da pizza quadrada? — perguntou Magali.

— Claro. — falou a dentucinha. — Magali queria fazer umas pizzas especiais comigo, pra doar pra famílias carentes.

— Mas a gente precisava de muita ajuda. — disse Magali.

— E conseguiram terminar? — perguntou André.

— A Marina chegou de surpresa, e ajudou a finalizar a massa e a colocar os ingredientes. — afirmou Magali.

Cascão entrou no meio da conversa e falou que algo similar aconteceu com Chico Bento e Zé Lelé:

— Eles tinham achado a maior goiabeira que viram na vida, e pensaram em entregar algumas goiabas pra uma família pobre que passava necessidade.

— Só que os dois, sozinhos, tentavam *tilar* as goiabas e não conseguiam alcançar. — continuou Cebolinha.

— Uma lástima que ninguém estava próximo. — lamentou André.

— Aí é que você se engana, primo! O Zé da Roça, que estava passando por ali, ajudou. — disse Cascão. — Ele trouxe uma escada, o Chico subiu e derrubou algumas goiabas.

— Foi uma *aleglia* só! Os meninos e a família que *lecebeu* as *flutas ficalam* muito felizes. — falou Cebolinha.

André, embalado pela conversa, lembrou uma frase de Jesus: *"Onde estiverem dois ou mais em meu nome, ali eu estarei"*.

— Como assim, primo? — perguntou Cascão.

André explicou que, quando duas pessoas se esforçam para fazer algo bom e pedem ajuda, os céus auxiliam, e Jesus envia seus anjinhos para lhes socorrer.

— Então, o Zé da Roça foi o anjinho pro Chico. — deduziu Franjinha.

— E, no nosso caso, foi a Marina. — falou Mônica.

— Mas será que funciona se duas ou mais pessoas pedirem para um certo sujinho tomar banho? — brincou Mônica, olhando o Cascão.

— Ei, isso sim é sujeira! — respondeu Cascão, que saiu correndo, enquanto a turminha gargalhava.

As pérolas

— E aquele dia da *feila* de ciências? — recordou Cebolinha.

— Hum! Essa foi ótima! — confirmou Cascão.

Cebolinha contou que a turminha foi a uma moderna feira de ciências que chegou à cidade, e eles observaram um menino muito levado, aprontando com todos e desobedecendo os pais.

— A gente viu os pais comprando uma roupa cara de astronauta. — falou Mônica. — Mas o menino nem experimentou: jogou no chão e sujou ela todinha.

— Depois, compraram um livro de ciências, e o garoto nem abriu. — lamentou Franjinha. — Pior: acabou abandonando o livro ali mesmo.

— No final, os pais ainda *complalam inglessos pla* ele *expelimentar* a *glavidade zelo*, como se estivesse no espaço. — contou Cebolinha. — Mas ele nem ligou, jogou as *entladas fola* e continuou *aplontando*.

— Só que os pais dele perguntaram se a gente queria os ingressos.

— Nós aceitamos e curtimos muito. — afirmou Mônica

— Foi incrível me sentir no espaço. — falou Cascão.

— Eu me senti como o Astronauta. — lembrou, feli, Franjinha.

André interveio e lembrou de mais uma frase de Jesus: *"Não devemos dar pérolas aos porcos"*.

— Ei, mas o que isso tem a ver com o Chovinista? — questionou Cascão, segurando seu porquinho.

— Com o Chovinista, nada. — respondeu André. — Isso quer dizer que só devemos investir nosso tempo e dinheiro com quem realmente deseja e merece.

— Hum... os pais devem ter sacado que a gente ia valorizar mais os ingressos. — falou Cascão.

— Exato! Imagina jogar um colar de pérolas ao Chovinista? Ele poderia achar que era algo pra comer. — explicou André, enquanto todos refletiram.

O pão

Enquanto a turminha tentava lembrar outra história, André disse:

— Crianças, tem uma frase de Jesus que me chama a atenção: *"Nem só de pão viverá o homem".*

— Faz sentido. — confirmou Magali. — Tem bolo, sorvete, melancias...

Todos rolaram de rir.

— É... bem... na verdade... tem outro sentido. — tentou consertar André. — Deixa eu ver como posso explicar.

— Lembrei de uma história que pode ter a ver com isso. — falou Cascão.

O sujinho contou que, algum tempo atrás, ele e os amigos ouviram uma gatinha chorando numa casa vizinha abandonada, e decidiram olhar por cima do muro.

— *Ela* uma filhotinha sozinha. — disse Cebolinha.

— Os vizinhos deixaram apenas comida pra ela sobreviver, mas a coitadinha continuava chorando — falou Mônica.

— No dia seguinte, pulamos o muro e pegamos a gatinha. — lembrou Cascão.

— Fiquei um tempinho com ela. — falou Magali. — E o Mingau ajudou a cuidar dela.

Mônica continuou a história e contou que eles seguiram cuidando da filhotinha, até que um casal de novos vizinhos chegou e comprou aquela casa.

— Aí, a gente contou a história e ofereceu a gatinha. E o casal aceitou na hora! — disse Cascão. — A gatinha também adorou.

André elogiou as crianças, lembrando que, mesmo alimentada, a gatinha continuou chorando.

— Para os homens e para os bichinhos, somente o alimento não é suficiente. Precisamos de amor e carinho, que são alimentos da alma. — explicou André.

— Você ficou falando em pão e alimentos, já despertou a minha fome de novo, André. — disse Magali, gerando risos.

O maior tesouro

A Mônica, toda animada, contou a história de um piquenique que a turma fez perto de um lago próximo dali. Ao chegar, um macaquinho pegou o Sansão e fugiu mata adentro.

— O Cebolinha viu tudo. — disse Mônica.

— Ei, macaco, devolve esse coelhinho **encaldido**! — gritou Cebolinha.

— O macaquinho, que tinha subido rapidamente numa árvore, ficou assustado e jogou o Sansão para baixo. E sabe quem salvou ele? O Cebolinha! — contou Mônica, emocionada.

Ao pegar o coelhinho, ele ouviu um zumbido estranho, que ia aumentando.

— Oops! — falou Cebolinha. — Isso são.... abelhaaaaass!

— Cebolinha, corre! O Sansão bateu numa colmeia, e as abelhas estão muito bravas! — gritou Mônica.

— Uaaahh! — gritou desesperado o troca-letras, enquanto corria sem parar com a "dona da rua".

— Ainda bem que não fomos picados. — lembrou Mônica. — Mas que o susto foi grande, ah, isso foi.

Nesse momento, André explicou às crianças uma frase de Jesus: *"Onde estiver teu tesouro, aí estará teu coração"*. Não há nada melhor que ter atitudes de bom coração e se sacrificar pelos amigos, que são o maior tesouro.

Mônica se aproximou, deu um forte abraço no Cebolinha e disse, toda feliz:

— Naquele dia, o meu herói me devolveu o Sansão. Pelo menos, naquele dia...

— Foi uma *lecaída, pindalolas!* — resmungou Cebolinha, fazendo todos rirem.

A paz do mundo

— **B**em, crianças, como sempre, adorei as nossas conversas. Mas agora está na hora de partir.

— Aaahh! Fica mais, primo! — pediu Cascão.

— Vamos continuar com a *blincadeila*. — disse Cebolinha.

— Agradeço profundamente o convite, adorei a festa surpresa, mas está mesmo na hora de voltar pra casa. — agradeceu André.

O primo do Cascão deu um caloroso abraço coletivo na criançada e, antes de sair, lembrou de mais um ensinamento de Jesus, ao se despedir de seus discípulos: *"Minha paz vos deixo, minha paz vos dou"*.

— E como conseguimos essa paz? — perguntou seu Antenor.

— A paz do mundo começa em nós mesmos. — respondeu André. — Com a consciência tranquila e o dever cumprido sobre tudo o que falamos aqui.

— Obrigado, primo. — falou Cascão. — Volta logo, hein?

— Estejam sempre em paz, crianças! Até o próximo encontro. — André despediu-se, desejando a paz de Jesus no coração e nos lares de todos.

"Amai-vos uns aos outros, como eu vos amei".

Jesus